천성을 향해 나아가는
모든 순례자분께
이 책을 바칩니다.

_____ 에게

_____ 드림

만 화 로 읽 는
천로역정
①

만화로 읽는
천로역정 1
ⓒ 생명의말씀사 2019

2019년 2월 25일 1판 1쇄 발행
2023년 6월 8일   12쇄 발행

펴낸이 | 김창영
펴낸곳 | 생명의말씀사

등록 | 1962. 1. 10. No.300-1962-1
주소 | 서울시 종로구 경희궁1길 6 (03176)
전화 | 02)738-6555(본사)・02)3159-7979(영업)
팩스 | 02)739-3824(본사)・080-022-8585(영업)

원작 | 존 번연
글・그림 | 최철규

기획편집 | 정설아
디자인 | 김혜진
인쇄 | 영진문원
제본 | 보경문화사

ISBN 978-89-04-16657-2 (04230)
ISBN 978-89-04-70052-3 (세트)

저작권자의 허락 없이 이 책의 일부 또는 전체를
무단 복제, 전재, 발췌하면 저작권법에 의해 처벌을 받습니다.

추천의 글

『천로역정』은 기독교 최고의 고전입니다. 저는 고전을 누구나 다 알지만 아무도 읽지 않는 책이라고 말합니다. 더러는 용기 있게 시도하지만 끝까지 완독이 쉽지 않습니다. 그 이유의 하나는 시대적 간극이 있기 때문입니다. 고전을 완독하는 비밀은 만화로 읽는 것입니다. 과거에 만화는 아이들을 위한 것이었지만, 지금은 어른들도 만화를 읽는 시대가 되었습니다. 다양한 만화를 그리던 최철규 님의 헌신으로 이 책이 태어났습니다. 저는 온 가족이 함께 이 책을 돌려 읽고 믿음을 토론하는 꿈을 꾸어 봅니다. 사실 『천로역정』 제2부는 온 가족이 함께 천국에 도달하는 이야기입니다. 성경 다음으로 많이 읽히고, 성경 다음으로 수많은 구도자를 진정한 그리스도인이 되게 한 이 책의 은혜를 만화로 함께 누리기를 기도합니다. 그리고 천로역정 순례 길도 함께 걸을 수 있기를 기대해 봅니다.

_ 이동원 목사 (지구촌교회 원로목사, 가평 필그림 천로역정 순례 길 섬김이)

『천로역정』이 기독교 고전 중에서도 최고임을 부정하는 사람은 없을 것입니다. 이런 명작이 기독교 만화가로서 오랜 실력과 경력을 쌓은 귀한 작가의 손을 거쳐 만화 형식의 책으로 출간된 것이 얼마나 기쁜 일인지 모릅니다. 최철규 작가님은 인생의 지난 세월 동안 많은 고난과 방황을 경험했습니다. 이러한 아픔과 상처가 하나님 안에서 회복된 경험과 그의 깊은 영성이 『만화로 읽는 천로역정』에 고스란히 반영되어, 원작의 느낌이 생생하게 살아 있습니다. 오늘날 10세 전후의 세대는 문자(텍스트)가 아닌 그림(이미지, 영상)을 통해 정보를 습득하고 활용한다고 합니다. 이와 같은 시대에 이 책은 자라나는 다음 세대 자녀들에게 기독교 고전의 진수를 전달하는 하나의 카테고리로 귀하게 쓰임 받을 것이기에, 기쁜 마음으로 추천합니다.

_ 이인호 목사 (더사랑의교회 담임목사)

2015년 최철규 작가를 만났습니다. 자신의 삶을 진실하게 나누는 작가님을 보며, 언젠가 이분의 작품을 꼭 보겠다고 생각했습니다. 몇 년 후에 만난 『만화로 읽는 천로역정』 첫 페이지를 넘긴 순간 "역시"를 외쳤습니다. 원작에 충실하면서도, 오늘날 사람들이 이해하기 쉽도록 작은 곳까지 고민한 흔적이 보였기 때문입니다. 무엇보다 저는 이 책에서 작가의 고백을 봅니다. 삶의 무게로 힘들 때 예수님을 만나고, 넘어져도 다시 일어서는 주인공 크리스천을 통해서, 작가는 자신의 삶을 일으키신 예수님을 고백합니다. 그런 점에서 이 책은 고전의 단순한 리메이크가 아니라, 지금도 진행 중인 한 인생, 아니 모든 인생에 대한 고백이라고 생각합니다. 누구라도 이 책을 볼 때, 자신의 삶을 돌아보고 고백하며 복음을 만나기를 간절히 소망합니다.

_ 김학중 목사 (꿈의교회 담임목사, CBS「새롭게 하소서」진행자)

THE PILGRIM'S PROGRESS

6년 전 가편집된 원고를 들고 찾아온 제자가 마침내 완성된 원고를 보여 주었습니다. 원고를 본 순간 오랜 산고 끝에 만들어졌다는 것을 첫 장부터 느낄 수 있었습니다. 모든 장면 장면에 작가의 혼을 담아 그 어떤 것 하나도 놓치지 않기 위해 심혈을 기울인 제자에게 '진정한 작가'라는 말로 찬사를 보냅니다. 뛰어난 작품성에도 갈채를 보냅니다. 극화 그림의 성격상 여러 명이 팀을 이루어 작업하는 것이 보편적인 방식인데, 만화의 모든 공정을 혼자서 인내하며 그려 냈습니다. 이 작품이 모든 독자에게 귀하게 평가되기를 기대합니다.

_ 이현세 만화가 (세종대학교 만화애니메이션학과 교수)

기독교 고전 『천로역정』을 놀랍도록 생동감 있는 만화로 풀어냈다는 점에서 감탄을 자아냅니다. 또한 원작의 내용을 충실히 전달하기 위해 열정을 다한 저자의 노력이 곳곳에서 느껴집니다. 이 책은 누구나 쉽게 『천로역정』의 내용을 이해하도록 돕고, 복음의 진리와 성경의 중요한 교리들을 바르게 깨닫도록 안내합니다. 이 책을 통해 많은 독자가 『천로역정』의 감동을 생생하게 느끼고, 주인공 크리스천이 그러했듯 진정한 구원의 은혜 가운데 하늘나라를 간절히 소망하며 순례의 길을 나아가기를 소망합니다.

_ 최선규 아나운서 (CTS 「내가 매일 기쁘게」 진행자)

최철규 작가는 소문보다 내용이 있는 사람, 앞과 뒤가 한결같은 사람, 초심보다 나중이 더 순수한 사람입니다. 『만화로 읽는 천로역정』 작업이 시작되던 초창기부터 탈고에 이르기까지, 고통스러운 작업 과정을 가까이에서 지켜볼 수 있었던 것은 제 취재 인생의 몇 안 되는 자랑거리입니다. 이 작품이 특별한 이유는 단순히 그림이나 구성이 훌륭하기 때문만은 아닙니다. 작품 속 주인공의 모습을 몸소 삶으로 살아낸 작가의 집념과 불굴의 의지, 하나님에 대한 사랑이 작품 구석구석에 녹아 있기 때문이기도 합니다. 옳고 그름이 불분명해지는 시대입니다. 이 책을 통해 무엇이 옳은지, 크리스천의 삶은 어떠해야 하는지를 함께 나누기를 소망합니다. 더불어 하나님을 모르는 이들에게 이 책이 복음의 통로로 사용되기를 바랍니다.

_ 손동준 기자 (기독교연합신문)

들어가는 글

존 번연(John Bunyan)은 1628년 영국 베드퍼드 근방 엘스토우에서 가난한 땜장이의 아들로 태어나 문법 학교 정도의 교육만 받고, 가업을 이어받았습니다. 그는 비국교도파의 설교자로 명성을 얻었으나, 국교회의 박해로 1660년 불법 집회 및 설교의 혐의로 체포되어 12년간이나 감옥 생활을 했습니다. 1675년 그는 다시 투옥되는데, 이때 기독교 불후의 명작인 『천로역정』(天路歷程, The Pilgrim's Progress)을 집필하기 시작했습니다. 이 책은 1678년에 제1부, 1684년에 제2부가 출판된 이후 약 200년이 지난 1894년에 우리나라에서 처음으로 출판되었습니다. 『천로역정』의 한자어 '天路歷程'(하늘 천, 길 로, 지날 역, 길 정)의 뜻을 풀어 보면, 천국 가는 길에서 겪은 일들의 기록이라고 말할 수 있습니다.

어린 시절을 떠올리면, 병약하셨던 어머니가 가장 먼저 생각나고 그립습니다. 어머니의 머리맡에는 항상 두 권의 책이 있었습니다. 한 권은 성경책이었고, 다른 한 권은 『천로역정』이었습니다. 그 『천로역정』은 삽화가 들어간 책이었는데, 책 속에 등장한 '갑옷 입은 사람'은 어린 저의 마음을 사로잡았습니다. 그림을 좋아한 저는 초등학교에 들어가기 전부터 그 책 속의 삽화를 수없이 따라 그렸습니다. 무슨 책인지 모르고 읽었던 『천로역정』은 비유와 성경 말씀으로 뒤섞여 있어서, 어린 나이에 그 뜻을 이해하기에는 많은 어려움이 있었습니다. 어머니는 제가 중학교 1학년이었던 해에 허리 디스크 수술을 받으시고 얼마 지나지 않아 그렇게 가고 싶어 하시던 아버지 나라로 가셨습니다.

서른 살이 되었을 때, 작은형의 서재에서 우연히 그 책을 발견했습니다. 마치 어머니를 만난 듯 너무나도 반가운 마음이 들었습니다. 작은형은 그 책을 어머니의 손때 묻은 유품으로 생각하며 소중히 여겼습니다. 당시 저는 작은형에게 언젠가는 『천로역정』을 만화로 그리겠다고 말하던 터였는데, 작은형은 그 책을 보고 너무나도 좋아하는 제 모습을 보면서 "내가 갖는 것보다 네가 갖는 것이 맞는 것 같다."라고 말하며 그 책을 제게 주었습니다.

오래된 책이라 색도 바래고 제본 상태도 좋지 않아, 망가지지 않도록 한 장 한 장 조심스럽게 읽어 내려갔습니다. 어머니는 이 책을 통해 하늘에 소망을 더 두셨으리라 생각되었고, 어릴 적에는 이해되지 않았던 글들이 이해되기 시작했습니다. 그 후 여러 종류의

『천로역정』을 사서 읽어 내려갔습니다. 『천로역정』에 감춰져 있는 비밀들이 이해되기 시작하자, 이 책을 꼭 만화로 그려 보고 싶다는 갈망이 제 안에서 격발되었습니다. 결혼 전부터 그 작업을 세 번이나 시도해 보았으나, 처음에는 그림 실력이 부족해서 진행하지 못했고, 두 번째에는 내용을 깊이 있게 풀어 쓰지 못해서 실패했습니다. 세 번째에는 물질이 없어서 실패했습니다. 그러나 여러 버전으로 번역된 『천로역정』을 읽을 때마다 제 마음에는 더 큰불이 일었고, 네 번째 도전 끝에 마침내 그 꿈이 현실로 이루어져 총 3권의 책으로 출간하게 되었습니다.

2, 3년 안에 끝날 줄 알았던 작업은 예상치 못한 많은 장애물로 인해 언 6년이라는 시간이 걸렸습니다. 『천로역정』을 많이 읽고 정리한 후 그림을 그리면 작업이 쉽게 완료될 줄 알았습니다. 그러나 하나님의 계획은 달랐습니다. 하나님은 6년이라는 긴 시간을 통해 『천로역정』 속 이야기들을 제 삶에서 경험하게 하셨고, 저를 하늘을 소망하는 순례자로 다듬어 가셨습니다. 제가 내 뜻을 내려놓고, 하나님의 뜻을 분별하여 그것을 좇도록 단련하신 중요한 시간이었던 것입니다. 하나님은 그렇게 저를 하나님의 자녀로 성숙해 가게 하셨습니다. 지난 그 고난의 시간을 돌아보면, 하나님이 저를 형통한 삶으로 인도해 주심에 감사한 마음이 들 뿐입니다.

지금으로부터 약 300여 년 전, 어두컴컴하고 음침한 지하 감옥에서 펜을 든 존 번연이 『천로역정』을 통해 독자들에게 무엇을 전달하고 싶었을지 그 마음을 헤아려 보았습니다. 존 번연은 믿음을 가지고 살아가는 모든 순례자가 안개같이 사라질 이 땅의 것들이 아닌, 영원한 나라 하늘에 소망을 두고 달려가기를 간절히 바라며 글을 써 내려갔을 것입니다. 그 마음이 고스란히 담기도록 원작의 내용을 충실하게 잘 전달하기 위해 노력했습니다.

특별히 『천로역정』은 이 땅을 살아가는 순례자들에게 '길'에 대하여 말하고 있습니다. 이 세상 사람들이 추구하는 '넓고 화려한 길'을 선택할 것인가? 아니면 주님이 우리에게 말씀하신 '좁은 길'을 걸을 것인가? 이 땅으로 여행 온 순례자는 주님이 부르시는 날까지, 믿음의 분량을 채울 때까지 좁은 길을 걸어가야 합니다. 그 길을 걸으려면 굳건한 믿음이 동반되어야 하며, 그 믿음이 온전해지기 위해서는 행함이 따라야 합니다. 믿음과 행함은 마치 동전의 양면과 같아서 행함 없는 믿음은 온전한 믿음이 될 수 없습니다. 반드시 행하는 믿음으로 천성에 이를 때까지 순례의 길에서 승리하며 앞으로 나아가야 할 것입니다.

이 책을 통해 신앙이 없거나, 신앙이 있을지라도 아직 세상에 대한 많은 미련으로 하늘에 소망을 두지 못한 분들이 더 나은 본향을 사모하게 되기를 바랍니다. 모든 분이 하나님이 준비하신 그 나라에 목적을 두고 순례의 길을 걸어가도록 격려하는 귀한 책이 되기를 소망합니다.

이 책이 출간되기까지 선한 길로 인도해 주신 하나님 아버지께 모든 영광을 올려 드립니다. 원고를 마칠 때까지 긴 시간을 기다려 준 출판사에도 깊이 감사드립니다. 그리고 저를 위해 기도해 주신 '더사랑의교회' 중보기도 팀과 SNS 친구분들께도 진심으로 감사드립니다. 마지막으로, 손을 다쳤을 때 걱정하며 기도해 주신 부모님과 형제들, 언제나 눈물로 기도해 준 아내, 사랑하는 딸 의인이에게 감사를 전합니다.

만화가 **최 철 규**

THE PILGRIM'S PROGRESS

일러두기

- 이 책에는 수많은 인물과 장소의 이름이 나옵니다.
  이해를 돕기 위해 새로운 인물과 장소가 나올 때마다
  해당 그림 외곽에 색을 넣어 구분했습니다.
- 본문의 성경 구절은 개역개정판을 따랐습니다.

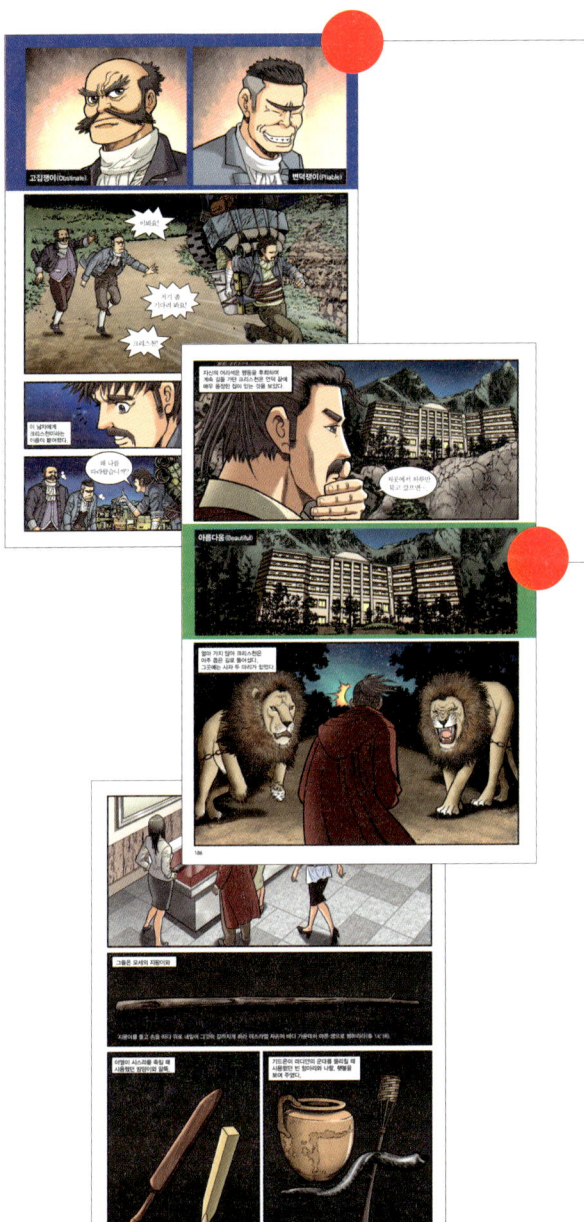

새로운 인물이 나올 때마다
파란색 테두리로 표시했습니다.

새로운 장소가 나올 때마다
초록색 테두리로 표시했습니다.

본문과 관련된 성경 구절을
삽입하여 몰입도를 높였습니다.

CONTENTS

『만화로 읽는 천로역정』 시리즈

❶ 권 ── 1. 계시받은 자의 고뇌
2. 절망의 수렁
3. 좁은 문
4. 십자가 앞에서 짐을 벗다
5. 아름다운 집에서의 가르침

❷ 권 ── 6. 아볼루온과의 결투
7. 사망의 음침한 골짜기
8. 억울한 재판
9. 순교

❸ 권 ── 10. 절망 거인
11. 기쁨의 산
12. 순례자 무지를 만나다
13. 마법의 땅
14. 천성

1

추천의 글   6
들어가는 글   8
일러두기   11

---

1. 계시받은 자의 고뇌   14
2. 절망의 수렁   56
3. 좁은 문   102
4. 십자가 앞에서 짐을 벗다   152
5. 아름다운 집에서의 가르침   184

1 계시받은 자의 고뇌

좁은 문으로 들어가기를 힘쓰라 내가 너희에게 이르노니 들어가기를 구하여도 못하는 자가 많으리라(눅 13:24).

꿈속에 남루한 옷을 입은 한 남자가 나타났는데, 그는 자기 집을 뒤로한 채 손에 책 한 권을 들고 있었고, 등에는 무거운 짐을 지고 있었다.

그는 책을 펴서 읽다가

흐느끼며 몸을 떨었다.

그러다 더는 참지 못하고 고통스럽게 울부짖었다.

으아아

그는 책을 읽는 내내 눈물이 멈추지 않았다.

그는 온 힘을 다해 죄의 짐을 벗어 버리려고 했으나 그럴수록 짐을 묶고 있는 줄은 더 팽팽히 조여 왔다.

으아아아

어떡해야 이 죄의 짐을 벗어 버릴 수 있을까?

더는 견딜 수가 없어!

누가 나를 이곳에서 구해 줘!

아, 나는 어떻게 해야 하는가?

그들이 이 말을 듣고 마음에 찔려 베드로와 다른 사도들에게 물어 이르되 형제들아 우리가 어찌할꼬 하거늘(행 2:37).

아빠, 다녀오셨어요?

주의 날이 도둑같이 오리니 그날에는 하늘이 큰 소리로 떠나가고 물질이 뜨거운 불에 풀어지고 땅과 그중에 있는 모든 일이 드러나리로다 이 모든 것이 이렇게 풀어지리니 너희가 어떠한 사람이 되어야 마땅하냐 거룩한 행실과 경건함으로 하나님의 날이 임하기를 바라보고 간절히 사모하라 그날에 하늘이 불에 타서 풀어지고 물질이 뜨거운 불에 녹아지려니와(벧후 3:10-12).

우리는 그의 약속대로 의가 있는 곳인 새 하늘과 새 땅을 바라보도다 그러므로 사랑하는 자들아 너희가 이것을 바라보나니 주 앞에서 점도 없고 흠도 없이 평강 가운데서 나타나기를 힘쓰라(벧후 3:13-14).

그가 다시 말을 꺼내려고 하자 가족들의 표정이 굳어지기 시작했다.

여보….

이곳을 빨리 떠나야 해요. 머지않아 이곳은 불로 심판을 받게 될 거예요.

이제 그만 좀 해요. 아이들에게 부끄럽지도 않아요?

제발 그 짐을 내려놓고 예전처럼 살아가요.

예전처럼….

롯이 나가서 그 딸들과 결혼할 사위들에게 말하여 이르기를 여호와께서 이 성을 멸하실 터이니 너희는 일어나 이곳에서 떠나라 하되 그의 사위들은 농담으로 여겼더라(창 19:14).

가족들을 불쌍히 여기며 그들을 위해 기도했고, 괴로운 심정을 한탄했다.

그럴 때마다 그는 자기 방으로 들어가

불쌍한 내 가족들을 어떡하지?

그는 괴로움을 달래 보려고 들판을 거닐면서 책을 읽었다.

그는 어디론가 달려가고 싶어 하는 듯 이리저리 두리번거렸다.

그러나 그는 여전히 제자리에 서 있었다.

그들을 데리고 나가 이르되 선생들이여 내가 어떻게 하여야 구원을 받으리이까 하거늘 이르되 주 예수를 믿으라 그리하면 너와 네 집이 구원을 받으리라 하고(행 16:30-31).

그가 어디로 가야 할지 몰라 망설이고 있을 때,

전도자라는 사람이 그에게 다가오는 것을 보았다.

도벳 (Tophet)
예루살렘 근처의 쓰레기 버리는 곳.
지옥을 의미한다.

대저 도벳은 이미 세워졌고 또 왕을 위하여 예비된 것이라 깊고 넓게 하였고 거기에 불과 많은 나무가 있은즉 여호와의 호흡이 유황 개천 같아서 이를 사르시리라 (사 30:33).

심판과 그다음에 있게 될 사형 집행을 생각하면 눈물이 멈추지 않습니다.

그렇다면 왜 이곳에 가만히 서 있습니까?

어디로 가야 할지 모르기 때문입니다.

거기에는 다음과 같이 적혀 있었다.

전도자는 그에게 양피지 두루마리 하나를 주었다.

이걸 받으십시오.

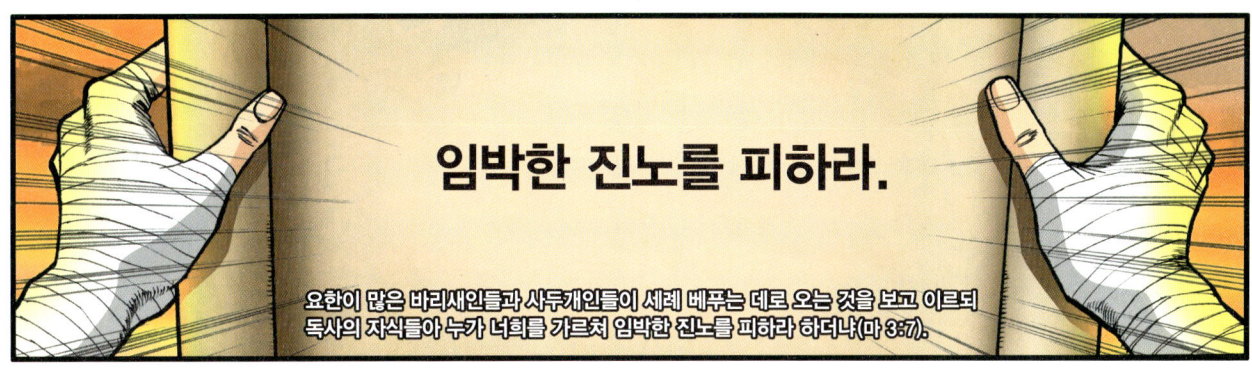

"저쪽에 밝은 빛은 보입니까?"

"네, 보이는 것 같습니다."

주의 말씀은 내 발에 등이요 내 길에 빛이니이다(시 119:105).
또 우리에게는 더 확실한 예언이 있어 어두운 데를 비추는 등불과 같으니 날이 새어 샛별이 너희 마음에 떠오르기까지 너희가 이것을 주의하는 것이 옳으니라(벧후 1:19).

"저 불빛을 계속 바라보면서 올라가십시오."

"그러면 좁은 문에 이를 것입니다."

"그곳에서 문을 두드리면 누군가 나와서 당신이 어떻게 해야 할지 알려 줄 것입니다."

이에 스스로 돌이켜 이르되 내 아버지에게는 양식이 풍족한 품꾼이 얼마나 많은가 나는 여기서 주려 죽는구나(눅 15:17).

썩지 않고 더럽지 않고 쇠하지 아니하는 유업을 잇게 하시나니 곧 너희를 위하여 하늘에 간직하신 것이라(벧전 1:4).

그들이 이제는 더 나은 본향을 사모하니 곧 하늘에 있는 것이라 이러므로 하나님이 그들의 하나님이라 일컬음 받으심을 부끄러워하지 아니하시고 그들을 위하여 한 성을 예비하셨느니라(히 11:16).

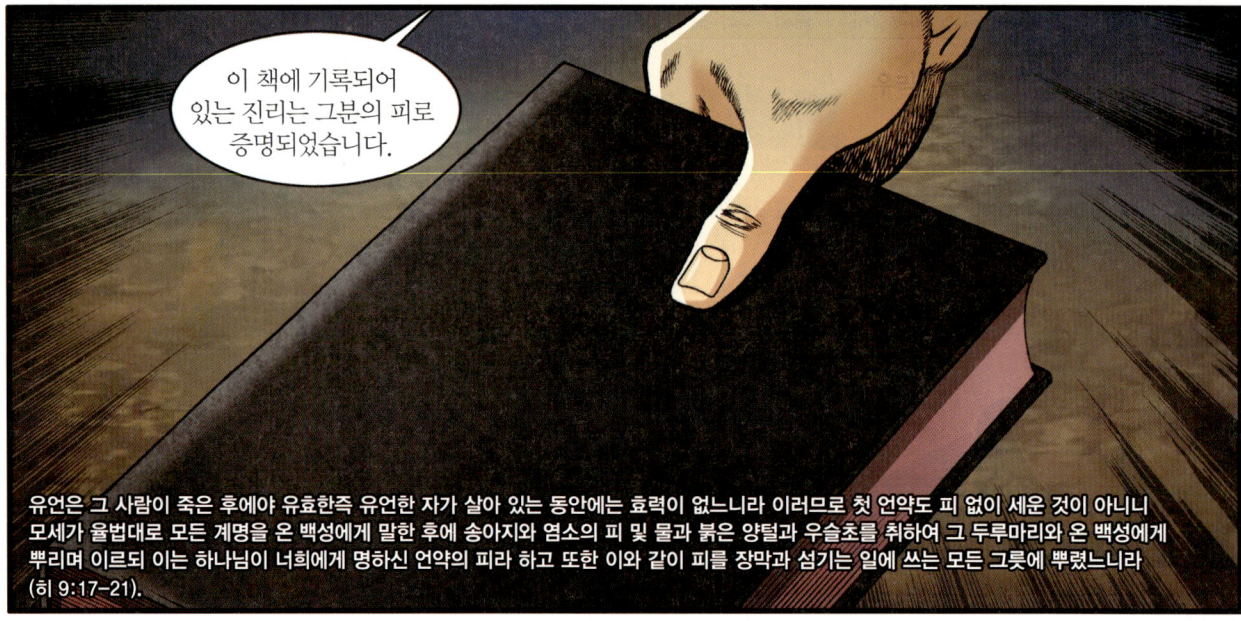

영생의 소망을 위함이라 이 영생은 거짓이 없으신 하나님이 영원 전부터 약속하신 것인데(딛 1:2).

이스라엘은 여호와께 구원을 받아 영원한 구원을 얻으리니 너희가 영원히 부끄러움을 당하거나 욕을 받지 아니하리로다(사 45:17)

이제 후로는 나를 위하여 의의 면류관이 예비되었으므로 주 곧 의로우신 재판장이 그날에 내게 주실 것이며 내게만 아니라 주의 나타나심을 사모하는 모든 자에게도니라(딤후 4:8).

그곳에는 눈물과 슬픔이 없습니다. 그곳의 주인께서 우리 눈에서 모든 눈물을 씻어 주시기 때문입니다.

모든 눈물을 그 눈에서 닦아 주시니 다시는 사망이 없고 애통하는 것이나 곡하는 것이나 아픈 것이 다시 있지 아니하리니 처음 것들이 다 지나갔음이러라(계 21:4).

그러면 우리는 그곳에서 어떤 사람들과 함께 살게 됩니까?

바라보기만 해도 눈이 부신 천사들과 함께 살게 될 것입니다.

스랍들이 모시고 섰는데 각기 여섯 날개가 있어 그 둘로는 자기의 얼굴을 가리었고 그 둘로는 자기의 발을 가리었고 그 둘로는 날며(사 6:2).

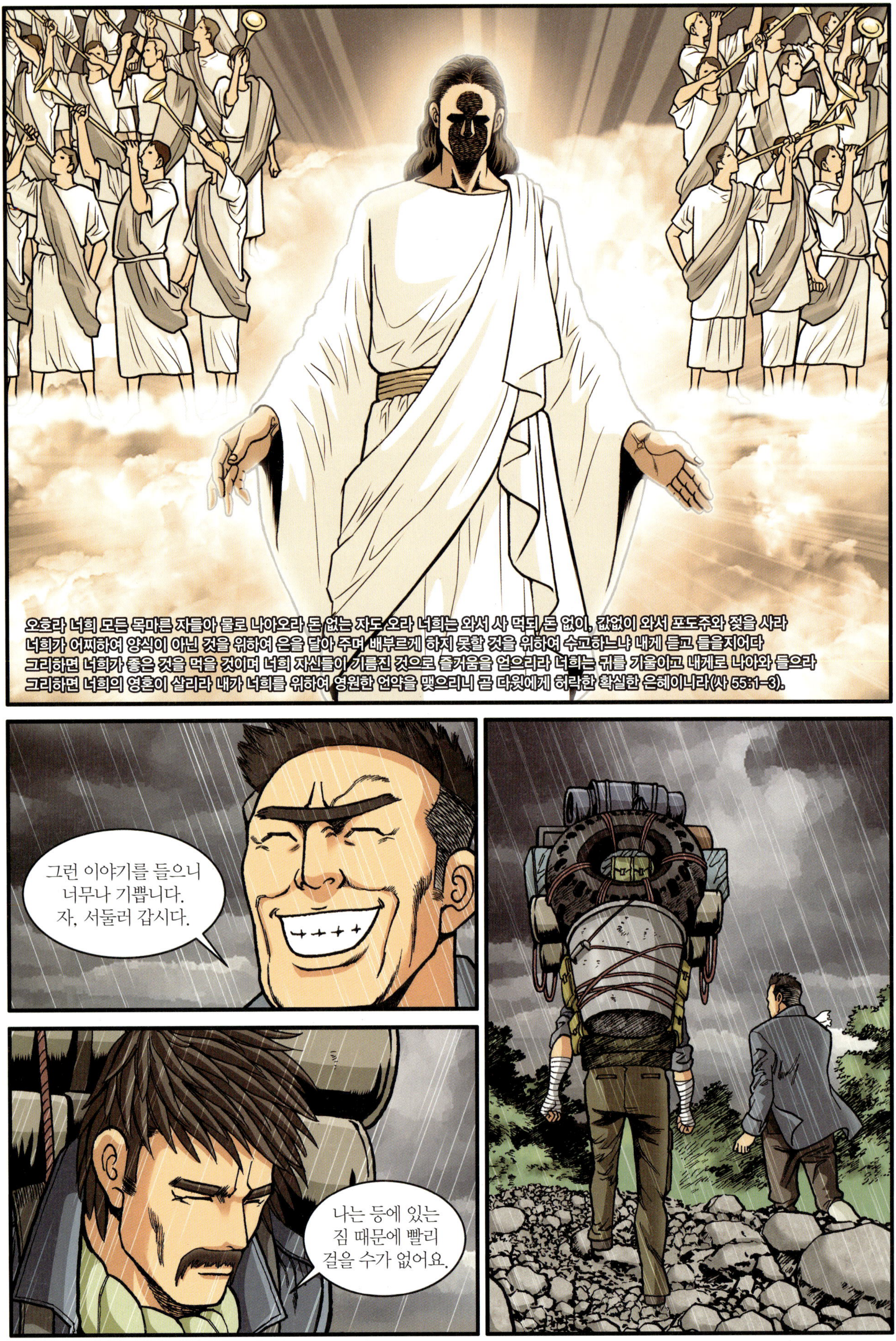

오호라 너희 모든 목마른 자들아 물로 나아오라 돈 없는 자도 오라 너희는 와서 사 먹되 돈 없이, 값없이 와서 포도주와 젖을 사라 너희가 어찌하여 양식이 아닌 것을 위하여 은을 달아 주며 배부르게 하지 못할 것을 위하여 수고하느냐 내게 듣고 들을지어다 그리하면 너희가 좋은 것을 먹을 것이며 너희 자신들이 기름진 것으로 즐거움을 얻으리라 너희는 귀를 기울이고 내게로 나아와 들으라 그리하면 너희의 영혼이 살리라 내가 너희를 위하여 영원한 언약을 맺으리니 곧 다윗에게 허락한 확실한 은혜이니라 (사 55:1-3).

그런 이야기를 들으니 너무나 기쁩니다. 자, 서둘러 갑시다.

나는 등에 있는 짐 때문에 빨리 걸을 수가 없어요.

THE PILGRIM'S
PROGRESS

그때 나는 크리스천을 끌어내 준 도움에게 다가가서 말했다.

이보시오.

이곳은 멸망의 도시에서 좁은 문으로 가는 길인데, 여행자들이 좀 더 안전하게 건너갈 수 있도록 땅을 고쳐 놓는 것이 어떨까요?

이 깊은 수렁은 다져지지 않는 곳입니다.

이곳은 유죄 판결을 받은 죄인들의 찌꺼기와 허물들이 계속 흘러드는 곳입니다. 그래서 절망의 수렁이라고 부르지요.

지금도 자기 죄를 깨닫고 회개한 사람들의 마음속에 일어나는 온갖 두려움과 의심, 절망 같은 감정들이 모두 이곳으로 흘러들어옵니다.

너희는 약한 손을 강하게 하며 떨리는 무릎을 굳게 하며 겁내는 자들에게 이르기를 굳세어라, 두려워하지 말라, 보라 너희 하나님이 오사 보복하시며 갚아 주실 것이라 하나님이 오사 너희를 구하시리라 하라(사 35:3-4).

여호와께서는 너희를 자기 백성으로 삼으신 것을 기뻐하셨으므로 여호와께서는 그의 크신 이름을 위해서라도 자기 백성을 버리지 아니하실 것이요(삼상 12:22).

변덕쟁이는 사람들 앞에서 고개를 들지 못했다.

그러나 차츰 마음이 안정되고 활기를 되찾은 그는 사람들과 함께 크리스천을 조롱하기 시작했다.

자네는 현명하니 돌아올 줄 알았네.

수렁에 빠지고 나서야 제정신이 돌아오지 뭔가.

자네도 참!

그 미친 사람을 따라갔던 일만 생각하면 지금도 분하고 어이가 없네.

한편 크리스천은 혼자서
외롭게 좁은 문을 향해
걸어갔다.

그는 저쪽에서
한 사람이 자기를 향해
오는 것을 보았다.

세상 지혜자 (Worldly Wiseman)

세상 지혜자는 육신의 정책 (Carnal Policy)이라는 도시에서 살았는데, 크리스천이 살던 곳에서 가까운 곳이었다.

세상 지혜자는 크리스천을 처음 만났지만, 그에 대해서 어렴풋이 알고 있었다.

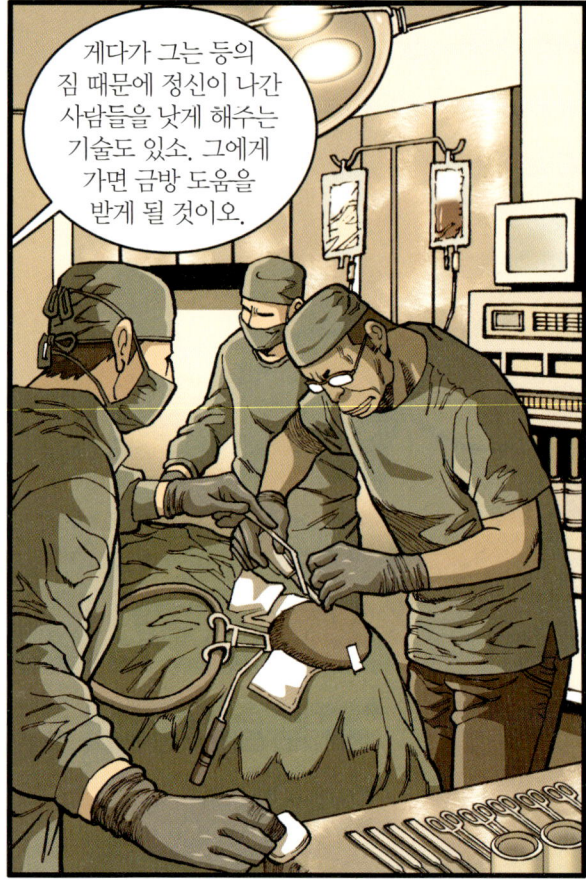

그런데 언덕 가까이에 가보니 언덕은 너무나 거칠고 높았다.

쏴아아아

그는 자신의 무거운 짐을 벗기 위해 언덕을 올랐다.

언덕은 까마득한 절벽으로 금방이라도 무너져 내릴 것만 같았다.

그는 한눈에 보기에도 위태로워 보였다.

이 짐을 벗을 수만 있다면…

그는 마음을 굳게 먹었지만 언덕에서 떨어지는 불길을 보면서 두려움을 느꼈다.

셋째 날 아침에 우레와 번개와 빽빽한 구름이 산 위에 있고 나팔 소리가 매우 크게 들리니 진중에 있는 모든 백성이 다 떨더라 모세가 하나님을 맞으려고 백성을 거느리고 진에서 나오매 그들이 산기슭에 서 있는데 시내산에 연기가 자욱하니 여호와께서 불 가운데서 거기 강림하심이라 그 연기가 옹기 가마 연기같이 떠오르고 온 산이 크게 진동하며(출 19:16-18).

그는 세상 지혜자의 충고를 들은 것을 후회하기 시작했다.

그 보이는 바가 이렇듯 무섭기로 모세도 이르되 내가 심히 두렵고 떨린다 하였느니라(히 12:21).

어떡하지?

바로 그때 그는 전도자가 다가오는 것을 보았다.

전도자를 보자 크리스천은 부끄러움으로 얼굴이 붉어졌다.

전도자는 그에게 가까이 다가오더니 엄하고 무서운 얼굴로 쳐다보았다.

여기서 무엇을 하고 있습니까?

이 물음에 크리스천은 어떻게 대답해야 할지 몰라 그냥 서 있을 뿐이었다.

멸망의 도시 밖에서 울고 있던 사람이 바로 당신 아니었소?

네, 제가 바로 그 사람입니다.

둘째, 그는 당신이 십자가를 싫어하도록 만들었습니다. 십자가는 이 세상 그 무엇보다도 귀합니다.

도리어 하나님의 백성과 함께 고난받기를 잠시 죄악의 낙을 누리는 것보다 더 좋아하고 그리스도를 위하여 받는 수모를 애굽의 모든 보화보다 더 큰 재물로 여겼으니 이는 상 주심을 바라봄이라 (히 11:25-26).

주님은 "자기 목숨을 구원하고자 하면 잃을 것이요"(막 8:35; 요 12:25; 마 10:39) 라고 말씀하셨습니다.

그리고 "무릇 내게 오는 자가 자기 부모와 처자와 형제와 자매와 더욱이 자기 목숨까지 미워하지 아니하면 능히 내 제자가 되지 못하고"(눅 14:26) 라고 말씀하셨습니다.

아버지나 어머니를 나보다 더 사랑하는 자는 내게 합당하지 아니하고 아들이나 딸을 나보다 더 사랑하는 자도 내게 합당하지 아니하며 또 자기 십자가를 지고 나를 따르지 않는 자도 내게 합당하지 아니하니라 자기 목숨을 얻는 자는 잃을 것이요 나를 위하여 자기 목숨을 잃는 자는 얻으리라 (마 10:37-39).

기록된바 아브라함에게 두 아들이 있으니 하나는 여종에게서, 하나는 자유 있는 여자에게서 났다 하였으며 여종에게서는 육체를 따라 났고 자유 있는 여자에게서는 약속으로 말미암았느니라 이것은 비유니 이 여자들은 두 언약이라 하나는 시내산으로부터 종을 낳은 자니 곧 하갈이라 이 하갈은 아라비아에 있는 시내산으로서 지금 있는 예루살렘과 같은 곳이니 그가 그 자녀들과 더불어 종노릇하고 오직 위에 있는 예루살렘은 자유자니 곧 우리 어머니라(갈 4:22-26).

그의 아들에게 입맞추라 그렇지 아니하면 진노하심으로 너희가 길에서 망하리니 그의 진노가 급하심이라 여호와께 피하는 모든 사람은 다 복이 있도다(시 2:12).

크리스천은 서둘러 좁은 문을 향해 길을 떠났다.

대저 의인은 일곱 번 넘어질지라도 다시 일어나려니와 악인은 재앙으로 인하여 엎드러지느니라(잠 24:16).

THE PILGRIM'S PROGRESS

③ 좁은 문

구하라 그리하면 너희에게 주실 것이요 찾으라 그리하면 찾아낼 것이요 문을 두드리라 그리하면 너희에게 열릴 것이니(마 7:7).

아버지께서 내게 주시는 자는 다 내게로 올 것이요 내게 오는 자는 내가 결코 내쫓지 아니하리라(요 6:37).

해석자는 크리스천을 먼지가 가득 쌓인 거실로 데려갔다. 방을 둘러보던 해석자는 하인에게 청소를 시켰다.

하인이 바닥을 쓸자 먼지가 자욱하게 일어나 질식할 지경이었다.

콜록~.

그때 해석자가 옆에 있던 하녀에게 지시했다.

자, 이제 물을 뿌리시오.

네.

하녀가 물을 뿌리자 거실이 깨끗해졌다.

이것은 무엇을 의미하나요?

이 거실은 복음의 은혜로 깨끗해진 적이 없는 인간의 마음을 나타냅니다.

우리가 주목하는 것은 보이는 것이 아니요 보이지 않는 것이니 보이는 것은 잠깐이요 보이지 않는 것은 영원함이라 (고후 4:18).

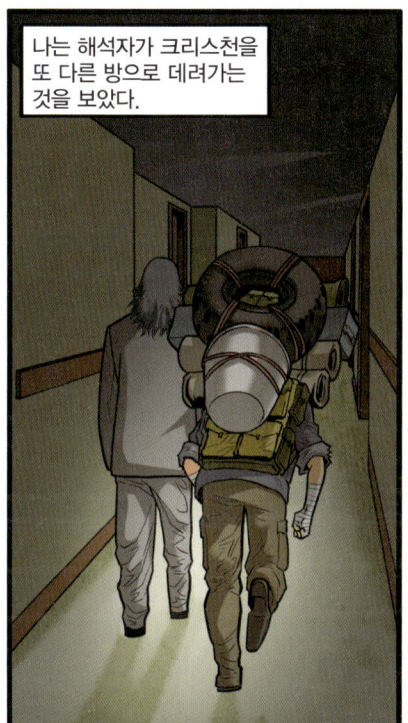

그리스도께서 끊임없이 기름을 부어 주고 계시기 때문에 시험에 빠진 영혼일지라도 은혜가 넘친다는 것을 사람들은 깨닫지 못하고 있지요.

나는 해석자가 크리스천을 이끌어 웅장한 궁전으로 가는 것을 보았다.

용기(Courage)

내 이름을 적어 주십시오. 내 이름은 용기입니다.

이름이 적히자 그는 투구를 쓰고

칼을 빼 들어 문 앞의 무장한 병사들에게 덤벼들었다.

마침내 그는 병사들을 뚫고 궁전 안으로 들어갔다.

궁전으로 들어간 그는 그곳에 있는 사람들처럼 금빛 옷을 입게 되었다.

그러자 궁전 안에 있는 사람들이 그를 부르는 소리가 들렸다.

어서 들어오라. 그대에게 영원한 영광을 주리라.

이것이 무엇을 의미하는지 알 것 같습니다. 저는 다시 제 길을 떠나겠습니다.

해석자는 크리스천을 캄캄한 방으로 안내했다.

당신에게 좀 더 보여 줄 게 있으니 그때까지 기다리십시오.

바위 위에 있다는 것은 말씀을 들을 때에 기쁨으로 받으나 뿌리가 없어 잠깐 믿다가 시련을 당할 때에 배반하는 자요(눅 8:13).

그러므로 우리는 다른 이들과 같이 자지 말고 오직 깨어 정신을 차릴지라(살전 5:6).

그 소리와 함께 바위가 갈라지고 무덤이 열리면서 죽은 자들이 밖으로 나오는 것을 보았습니다.

이를 놀랍게 여기지 말라 무덤 속에 있는 자가 다 그의 음성을 들을 때가 오나니 선한 일을 행한 자는 생명의 부활로, 악한 일을 행한 자는 심판의 부활로 나오리라 (요 5:28-29).

예수님 믿기를 정말 잘했어요. 내가 부활의 몸을 입다니!

어떡하죠? 나는 그분을 영접하지 않았어요.

그들 가운데 어떤 사람들은 기뻐 뛰면서 하늘을 보았고, 어떤 사람들은 숨으려고 애를 썼습니다.

주의 죽은 자들은 살아나고 그들의 시체들은 일어나리이다
티끌에 누운 자들아 너희는 깨어 노래하라
주의 이슬은 빛난 이슬이니 땅이 죽은 자들을 내놓으리로다 (사 26:19).

구름 위에 앉은 분이 책을 펴고 사람들에게 그 책 앞으로 나오라고 하셨습니다. 그분 앞에는 무서운 불길이 솟아오르고 있어서 그분과 사람들과의 거리는 마치 법정의 판사와 죄인의 간격을 이룬 것 같았습니다.

심판받을 자들이여, 이 책 앞으로 나오라!

내가 보니 왕좌가 놓이고 옛적부터 항상 계신 이가 좌정하셨는데 그의 옷은 희기가 눈 같고 그의 머리털은 깨끗한 양의 털 같고 그의 보좌는 불꽃이요 그의 바퀴는 타오르는 불이며 불이 강처럼 흘러 그의 앞에서 나오며 그를 섬기는 자는 천천이요 그 앞에서 모셔 선 자는 만만이며 심판을 베푸는데 책들이 펴 놓였더라 (단 7:9-10).

가라지와 쭉정이와 검불을 모두 거두어들여 불 속에 던지라!

손에 키를 들고 자기의 타작마당을 정하게 하사 알곡은 모아 곳간에 들이고 쭉정이는 꺼지지 않는 불에 태우시리라 (마 3:12).

알곡을
곳간에
모아들이라!

으악!
지옥문이
열렸다!

으악!
실려 줘!

살려 줘!

구름 위에 앉은 분이 명령하자 내가 서 있는 곳에서 지옥문이 열리더니 연기와 화염이 치솟아 오르고 소름 끼치는 비명이 들려왔습니다.

구름 위에 앉은 분이 다시 한번 명령하자 수많은 사람이 구름 속으로 들려 올라가는 것이 보였습니다.

인자가 그 천사들을 보내리니 그들이 그 나라에서 모든 넘어지게 하는 것과 또 불법을 행하는 자들을 거두어 내어 풀무 불에 던져 넣으리니 거기서 울며 이를 갈게 되리라(마 13:41-42).

손에 키를 들고 자기의 타작마당을 정하게 하사 알곡은 모아 곳간에 들이고 쭉정이는 꺼지지 않는 불에 태우시리라(눅 3:17).

THE PILGRIM'S
PROGRESS

무덤 (Sepulcher)

주께서 고통을 당하심으로 나에게 평안을 주셨고 주께서 죽으심으로 나에게 영생을 주셨습니다.

그가 찔림은 우리의 허물 때문이요 그가 상함은 우리의 죄악 때문이라 그가 징계를 받으므로 우리는 평화를 누리고 그가 채찍에 맞으므로 우리는 나음을 받았도다(사 53:5).

그저 십자가만 바라보았을 뿐인데 등에서 짐이 저절로 벗겨지다니!

크리스천이 울면서 십자가를 바라보고 있을 때 몸에서 광채가 나는 세 사람이 그에게 다가왔다.

그대에게 평안이 있을지어다!

예수께서 그들의 믿음을 보시고 중풍병자에게 이르시되 작은 자야 네 죄 사함을 받았느니라 하시니(막 2:5).

"당신의 죄는 사함을 받았습니다."

두 번째 사람은 크리스천의 더러운 옷을 벗기고 새 옷으로 갈아입혀 주었다.

여호와께서 자기 앞에 선 자들에게 명령하사 그 더러운 옷을 벗기라 하시고 또 여호수아에게 이르시되 내가 네 죄악을 제거하여 버렸으니 네게 아름다운 옷을 입히리라 하시기로(슥 3:4).

세 번째 사람은 크리스천의 이마에 인을 찍어 주었다.

그 안에서 너희도 진리의 말씀 곧 너희의 구원의 복음을 듣고 그 안에서 또한 믿어 약속의 성령으로 인치심을 받았으니(엡 1:13).

"천성 문에 이르면 이 두루마리를 제시하십시오."

와아아아-

죄의 짐에서 구원받았다!

감사합니다, 주님!

크리스천은 길을 가다가 길에서 조금 벗어난 곳에서 발목에 족쇄를 찬 채 잠을 자는 세 사람을 발견했다.

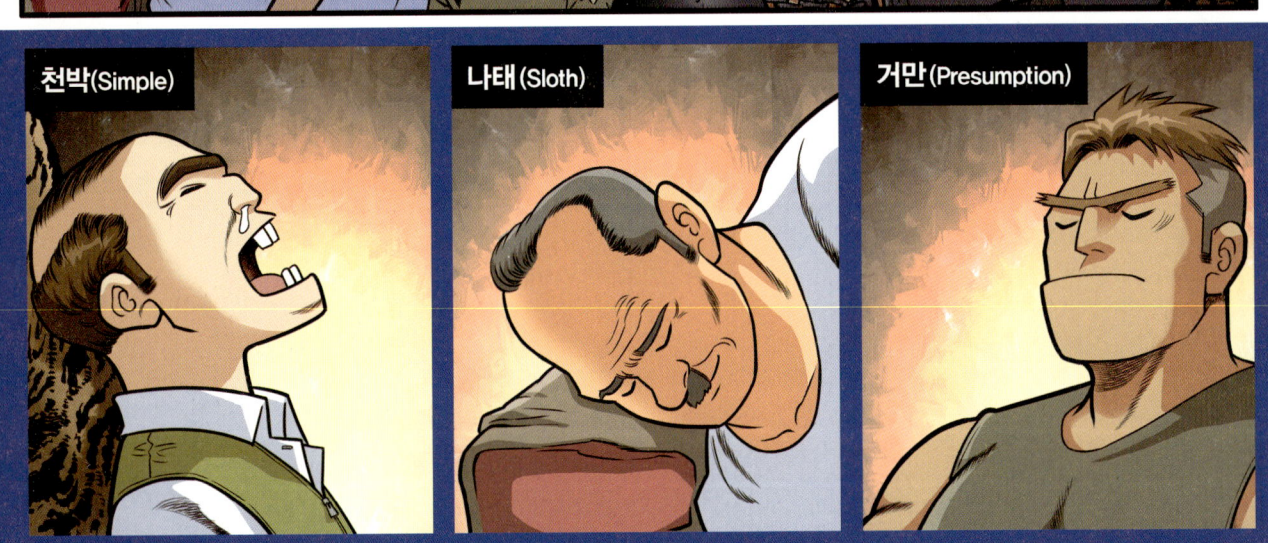

크리스천은 위험에 처한 그들이 안타까웠지만 발길을 돌릴 수밖에 없었다.

족쇄를 풀어 주겠다고 하는데도 마다하다니….

바로 그때 크리스천은 좁은 길 왼쪽 담으로 두 사람이 뛰어넘어 들어오는 것을 보았다.

샘이다!

역시 두루마리를 읽으면 힘이 난다니까!

고난의 언덕 아래에 도착한 크리스천은 샘으로 가서 물을 마셨다.

그곳에는 좁은 문에서 곧게 뻗어 나온 좁은 길과 그 밖에 다른 두 길이 있었다.

하나는 언덕 아래에서 왼쪽으로 꺾어져 있었고,

다른 하나는 오른쪽으로 꺾어져 있었다.

그러나 좁은 길은 언덕 꼭대기까지 곧장 뻗어 있었다.

그곳으로 올라가는 길의 이름은 고난이었다.

고난(Difficulty)

내 평생에 가는 길 순탄하여 늘 잔잔한
강 같든지 큰 풍파로 무섭고 어렵든지
나의 영혼은 늘 편하다 내 영혼
평안해 내 영혼 내 영혼 평안해
(「내 평생에 가는 길」, 새찬송가 413장)

멸망(Destruction)

위험이라는 길로 접어든 사람은 울창한 숲을 만났다.

넓은 길인 줄 알고 왔는데, 갈수록 음침한 숲만 나오네.

도대체 여기가 어디야?

안 되겠다. 다시 돌아가자.

이곳으로 온 것이 분명한데….

계속 왔던 곳만 빙빙 돌고 있네. 어떡하지?

멸망이라는 길로 들어선 사람은 암흑 속에서 헤매고 있었다.

앞이 안 보여. 도대체 길이 어디지?

사람 살려!

그는 수렁에 빠져 그곳에서 나오지 못했다.

저 높은 곳을 향하여 날마다 나아갑니다
내 뜻과 정성 모아서 날마다 기도합니다

괴롬과 죄가 있는 곳 나 비록 여기 살아도
빛나고 높은 저곳을 날마다 바라봅니다

의심의 안개 걷히고 근심의 구름 없는 곳
기쁘고 참된 평화가 거기만 있사옵니다

험하고 높은 이 길을 싸우며 나아갑니다
다시금 기도하오니 내 주여 인도하소서

내 주를 따라 올라가 저 높은 곳에 우뚝 서
영원한 복락 누리며 즐거운 노래 부르리

(후렴) 내 주여 내 맘 붙드사 그곳에 있게 하소서
그곳은 빛과 사랑이 언제나 넘치옵니다
(「저 높은 곳을 향하여」, 새찬송가 491장)

언덕을 오르던 크리스천은 중턱쯤에 이르러 아담한 정자 하나를 발견했다.

언덕의 주인이 지친 여행자들이 쉬어 갈 수 있도록 만들어 놓은 것이었다.

크리스천은 정자에 앉아 쉬면서 두루마리를 읽었다.

한참을 읽던 그는 졸음을 참지 못하고 깊은 잠에 빠졌다.

그러다가 손에 들고 있던 두루마리를 떨어뜨렸다.

그때 누군가 다가와 그를 깨우면서 말했다.

"게으른 자여 개미에게 가서 그가 하는 것을 보고 지혜를 얻으라"(잠 6:6).

크리스천은 밤이 될 때까지 잠들어 있었다.

이 소리에 잠이 깬 크리스천은 벌떡 일어나 언덕 꼭대기를 향해 올라갔다.

크리스천이 언덕 꼭대기에 이르자, 두 사람이 그를 향해 황급히 달려오고 있었다.

겁쟁이 (Timorous)

의심 (Mistrust)

크리스천은 넘치는 슬픔을 주체할 수 없었다.

그는 두루마리가 혹시 길 어딘가에 떨어져 있지 않을까 싶어 이쪽저쪽 조심스럽게 살펴보면서 내려갔다.

마침내 자신이 잠들었던 정자를 보자 그는 더욱 슬퍼졌다.

잠이 들었던 자신의 어리석은 죄가 머릿속에 떠올랐기 때문이다.

그러나 너를 책망할 것이 있나니 너의 처음 사랑을 버렸느니라 그러므로 어디서 떨어졌는지를 생각하고 회개하여 처음 행위를 가지라 만일 그리하지 아니하고 회개하지 아니하면 내가 네게 가서 네 촛대를 그 자리에서 옮기리라(계 2:4-5).

THE PILGRIM'S
PROGRESS

5 아름다운 집에서의 가르침

이에 제자들에게 이르시되 어찌하여 이렇게 무서워하느냐 너희가 어찌 믿음이 없느냐 하시니(막 4:40).

자신의 어리석은 행동을 후회하며 계속 길을 가던 크리스천은 언덕 끝에 매우 웅장한 집이 있는 것을 보았다.

"저곳에서 하루만 묵고 갔으면…"

아름다움(Beautiful)

얼마 가지 않아 크리스천은 아주 좁은 길로 들어섰다. 그곳에는 사자 두 마리가 있었다.

크리스천은 무서웠다.

겁쟁이와 의심이 말한 대로 사자가 있구나! 이제 어떡하지?

사자 앞을 어떻게 지나가지?

저 길로 가다가는 죽을 거야. 나도 되돌아가야겠어.

그때 문지기가 크리스천이 돌아가려는 듯한 모습을 보이자 소리를 질렀다.

당신은 그렇게도 용기가 없소?

이에 제자들에게 이르시되 어찌하여 이렇게 무서워하느냐 너희가 어찌 믿음이 없느냐 하시니(막 4:40).

경계(Watchful)

네가 악인을 깨우치되 그가 그의 악한 마음과 악한 행위에서 돌이키지 아니하면 그는 그의 죄악 중에서 죽으려니와 너는 네 생명을 보존하리라 (겔 3:19).

"그분이 십자가에서 돌아가신 후에도 그분을 만나 이야기했다는 사람들이 있어요."

"그들은 그분이 순례자들을 사랑하시며 가난한 자들을 위해 스스로 영광을 버리셨다는 것을 증거했어요."

"또 그분은 시온산에 홀로 거하기를 원치 않으셨고, 비천한 순례자들을 존귀하게 해주셨다고 말했어요."

가난한 자를 진토에서 일으키시며 빈궁한 자를 거름더미에서 올리사 귀족들과 함께 앉게 하시며 영광의 자리를 차지하게 하시는도다 땅의 기둥들은 여호와의 것이라 여호와께서 세계를 그것들 위에 세우셨도다(삼상 2:8).

그들은 밤늦도록 함께 이야기를 나눈 뒤 크리스천을 2층의 아늑한 방으로 인도했다.

그 방의 이름은 평안이었다.

평안(Peace)

크리스천은 그 방에서 깊은 잠에 빠져들었다.

아침이 되자 그는 일어나서 노래를 불렀다.

그리고 사역자들이 어떻게 왕국을 정복했으며,
어떻게 의를 행했으며, 어떻게 약속을 얻었는지,
어떻게 사자들의 입을 막았으며,
어떻게 사나운 불길을 끄고, 어떻게 칼날을 피하고,
어떻게 약한 데서 강해졌는지에 관해 적혀 있었다.

또한 어떻게 용감하게 전투에 임했으며, 어떻게 적군을 물리쳤는지에 관한 이야기가 적혀 있었다.

또 다른 기록은 주님이 어느 누구라도, 심지어 원수일지라도 아무 차별 없이 용서하신 일을 보여 주고 있었다.

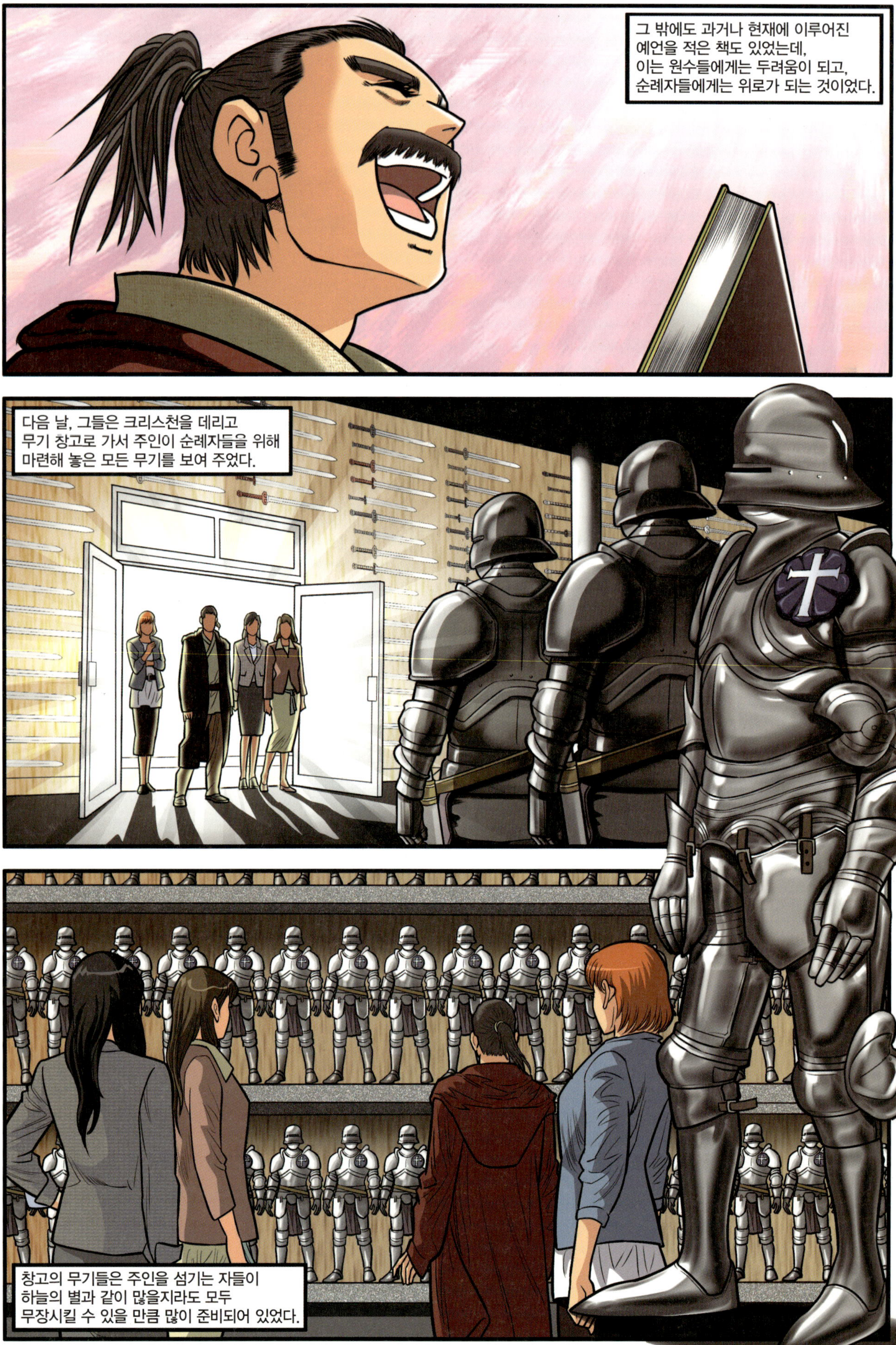

그 밖에도 과거나 현재에 이루어진 예언을 적은 책도 있었는데, 이는 원수들에게는 두려움이 되고, 순례자들에게는 위로가 되는 것이었다.

다음 날, 그들은 크리스천을 데리고 무기 창고로 가서 주인이 순례자들을 위해 마련해 놓은 모든 무기를 보여 주었다.

창고의 무기들은 주인을 섬기는 자들이 하늘의 별과 같이 많을지라도 모두 무장시킬 수 있을 만큼 많이 준비되어 있었다.

또한 그들은 주님의 종들이 놀라운 일을 행했을 때 사용했던 도구들도 보여 주었다.

그들은 모세의 지팡이와

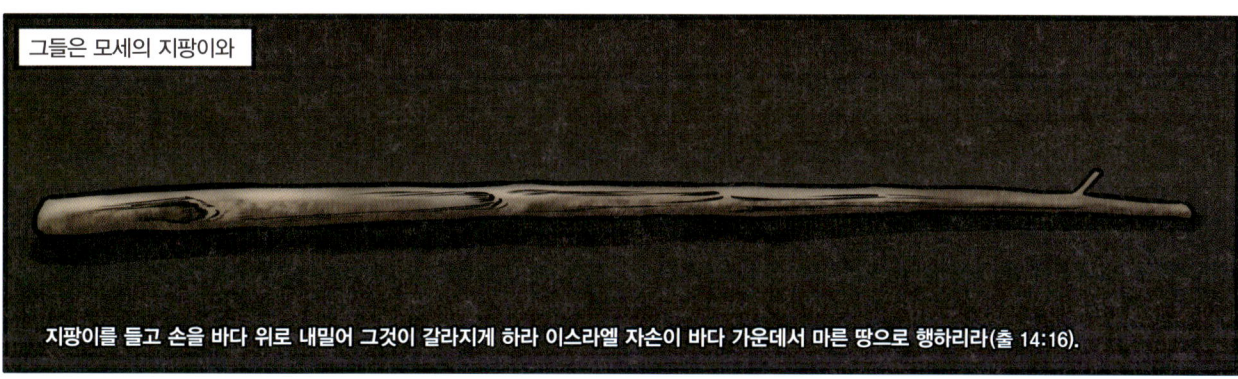

지팡이를 들고 손을 바다 위로 내밀어 그것이 갈라지게 하라 이스라엘 자손이 바다 가운데서 마른 땅으로 행하리라(출 14:16).

야엘이 시스라를 죽일 때 사용했던 방망이와 말뚝,

기드온이 미디안의 군대를 물리칠 때 사용했던 빈 항아리와 나팔, 횃불을 보여 주었다.

그가 깊이 잠드니 헤벨의 아내 야엘이 장막 말뚝을 가지고 손에 방망이를 들고 그에게로 가만히 가서 말뚝을 그의 관자놀이에 박으매 말뚝이 꿰뚫고 땅에 박히니 그가 기절하여 죽으니라(삿 4:21).

삼백 명을 세 대로 나누어 각 손에 나팔과 빈 항아리를 들리고 항아리 안에는 횃불을 감추게 하고(삿 7:16).

그리고 삼손이 사용했던 나귀의 턱뼈와

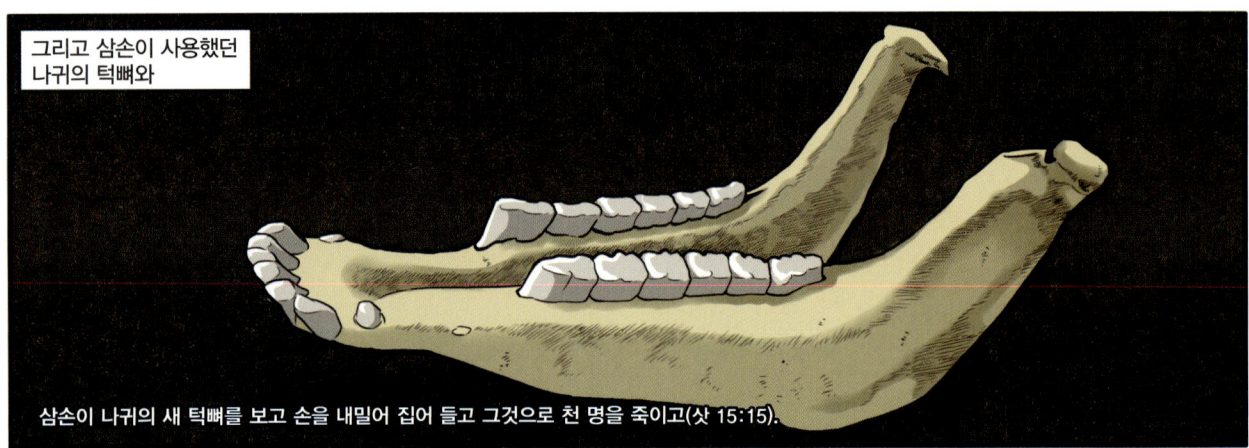

삼손이 나귀의 새 턱뼈를 보고 손을 내밀어 집어 들고 그것으로 천 명을 죽이고(삿 15:15).

다윗이 골리앗을 죽일 때 사용했던 물매와 돌,

블레셋 사람이 일어나 다윗에게로 마주 가까이 올 때에 다윗이 블레셋 사람을 향하여 빨리 달리며 손을 주머니에 넣어 돌을 가지고 물매로 던져 블레셋 사람의 이마를 치매 돌이 그의 이마에 박히니 땅에 엎드러지니라(삼상 17:48-49).

주님이 심판의 날 죄인들을 멸하실 때 사용될 칼도 보여 주었다.

이 성읍에 사는 자는 칼과 기근과 전염병에 죽으려니와 너희를 에워싼 갈대아인에게 나가서 항복하는 자는 살 것이나 그의 목숨은 전리품같이 되리라(렘 21:9).

이 밖에도 그들은 수많은 도구를 보여 주었다. 그것들을 보면서 크리스천은 매우 기뻐했다.

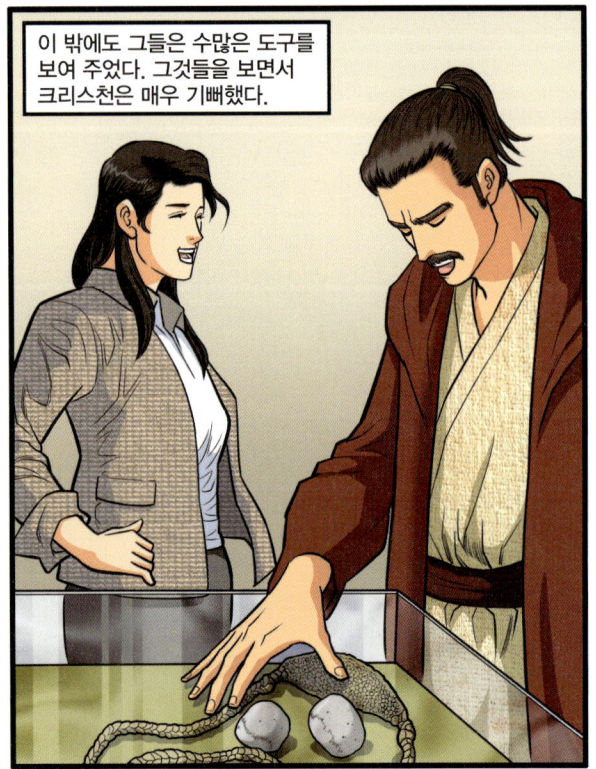

순례자님, 내일 하루만 더 머무실 수 없나요?

임마누엘의 땅(Immanuel's Land)

임마누엘의 땅이라고 해요. 저곳은 이 언덕과 마찬가지로 모든 순례자에게 열려 있어요. 저곳에 가면 천성 문이 보일 거예요.

그래요? 그럼 저는 천성을 향해 길을 떠나겠습니다.

가시기 전에 순례자님께 드릴 것이 있어요.

그들은 크리스천을 데리고 무기 창고로 가서 그에게 머리부터 발끝까지 전신 갑주를 입혀 주었다. 크리스천이 가는 길에 겪을지 모를 공격에 대비하기 위한 것이었다.

무장한 크리스천은 그들과 함께 문으로 걸어갔다.

경계 선생님, 혹시 다른 순례자들이 지나가는 것을 보셨나요?

네, 보았습니다.

그가 누군지 아십니까?

그에게 이름을 물었더니 믿음이라고 했어요.

겸손의 골짜기 (the Valley of Humiliation)

그래서 저희가 언덕 아래까지 순례자님과 동행하려는 거예요.

크리스천은 아주 조심스럽게 내려갔다.

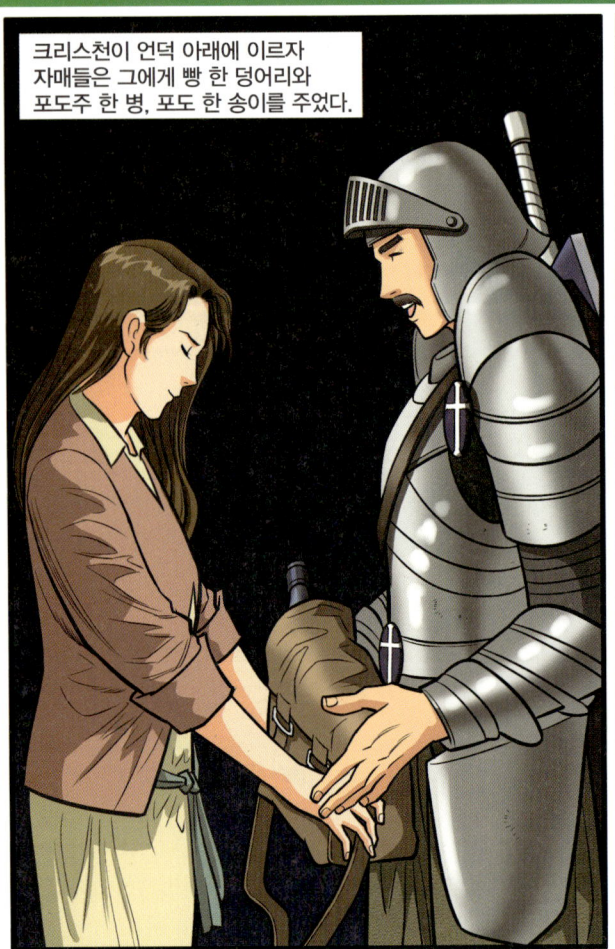
크리스천이 언덕 아래에 이르자 자매들은 그에게 빵 한 덩어리와 포도주 한 병, 포도 한 송이를 주었다.

순례자님, 주님이 함께하시기를 빕니다. 승리하세요.

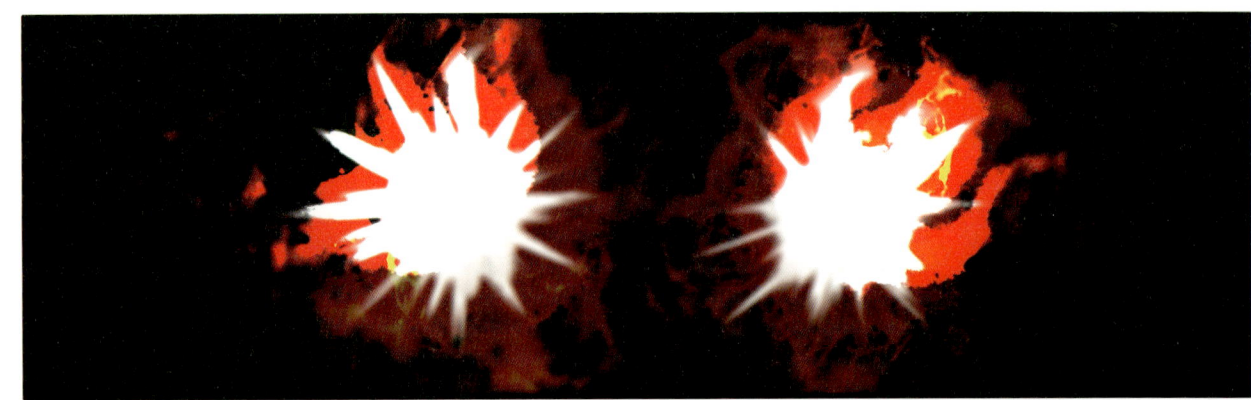

크리스쳔은 겸손의 골짜기에서 난관에 부딪히게 되었다.

도대체 저 앞에 있는 게 뭐지?

THE PILGRIM'S
PROGRESS

사명선언문

너희가 흠이 없고 순전하여……세상에서 그들 가운데 빛들로
나타내며 생명의 말씀을 밝혀 _ 빌 2:15-16

1. 생명을 담겠습니다
만드는 책에 주님 주신 생명을 담겠습니다.
그 책으로 복음을 선포하겠습니다.

2. 말씀을 밝히겠습니다
생명의 근본은 말씀입니다.
말씀을 밝혀 성도와 교회의 성장을 돕겠습니다.

3. 빛이 되겠습니다
시대와 영혼의 어두움을 밝혀 주님 앞으로 이끄는
빛이 되는 책을 만들겠습니다.

4. 순전히 행하겠습니다
책을 만들고 전하는 일과 경영하는 일에 부끄러움이 없는
정직함으로 행하겠습니다.

5. 끝까지 전파하겠습니다
모든 사람에게, 땅 끝까지, 주님 오시는 그날까지
복음을 전하는 사명을 다하겠습니다.

서점 안내

광화문점 서울시 종로구 새문안로 69 구세군회관 1층
02)737-2288 / 02)737-4623(F)

강남점 서울시 서초구 신반포로 177 반포쇼핑타운 3동 2층
02)595-1211 / 02)595-3549(F)

구로점 서울시 동작구 시흥대로 602, 3층 302호
02)858-8744 / 02)838-0653(F)

노원점 서울시 노원구 동일로 1366 삼봉빌딩 지하 1층
02)938-7979 / 02)3391-6169(F)

일산점 경기도 고양시 일산서구 중앙로 1391 레이크타운 지하 1층
031)916-8787 / 031)916-8788(F)

의정부점 경기도 의정부시 청사로47번길 12 성산타워 3층
031)845-0600 / 031)852-6930(F)

인터넷서점 www.lifebook.co.kr